반려의 세월

지성 · 감성의 메타언어
조선문학시인선 · 364

반려의 세월

전 석 열 시집

조선문학사

■ 책머리에

책을 내면서

산수를 앞에 하고 시집을 발간할 생각을 하니 내 자신 대견스럽기도 하고 시를 쓰시는 모든 분들께 누가될까 염려도 됩니다.

60년이란 긴 세월을 동고동락 하면서 함께한 내 동반자에게 감사하고 나의 울타리가 되어주는 자녀들께도 감사하고 고맙게 생각합니다.

살면서 생각하고 느낀 것을 하나 둘 모아온 시어들을 내 생의 흔적으로 생각하고 엮어 봅니다.

또 내 가족들의 보살핌과 지원에 대한 보답이기도 합니다.

앞으로 남은 시간 세월만 낚지 않고 시어들을 하나 둘 더 낚으면서 열심히 걸어가렵니다.

그동안 시에 입문하여 저를 지도해주신 조선 문학 박진환 교수님의 지극한 지도 편달에 깊은 감사를 드립니다.

그리고 함께한 문우들의 격려에도 고맙게 생각합니다.

2014. 7. 16.

운고(雲皐) 전석열

반려의 세월 차례

제1부
사랑이 꽃핀 날

제2부
동행자

제3부
가을을 걷다

제4부

척척 스타일

제5부
심여수

제6부

안양천변 벚꽃

제7부

시집 평설

제1부

사랑이 꽃핀 날

사랑이 꽃핀 날

당신과 나는 안면부지
초례청에서 처음 만났지

춥던 겨울 날씨였는데
그날따라 푸근한
초례청은 더욱 훈훈했지

하늘에선 수많은 전도사를
나비 등에 태워 보내 주셨고
동네 하객들 박수소리 요란했었지

축복을 안고 온 전도사들 가볍게
당신이 쓴 족두리 위에 춤을 추더니
백옥 같은 설화를 선물하였지

웃음과 박수 속에 놀란 사내
고개 들고 앞을 바라보니
앞엔 한 송이 설중매가 피어 있었지

반려의 세월

조물조물 무친 미나리 무침
그 손 갈퀴 되어 내 가슴 긁는다

달걀 같은 갸름한 얼굴은
주름진 멍게로 변했고

호수 같이 맑던 눈은
희뿌연 연못으로 출렁이고

백옥이 울고 갔던 하얀 치아
백동으로 볼링하고

윤기 나던 붉은 입술
피돌기가 쉬고 있다

숱 많고 윤기 자르르한 검은 머리
해와 달이 앗아가고

보기가 흉하다고 대신 준 선물
파뿌리도 겁내는 흰 서리였네

내 손 순이 손 서로서로 잡고서
아무리 쓰다듬어도 예 같지 않으니

내 탓이요 내 탓이요 후회하지만
그때는 돌아오지 않네요, 늦었네요

병

막걸리 담는 병은 플라스틱 병
소주 양주 담는 병은 유리병
요즈음 종이 병도 있으니까
술도 물도 맛있는 갖가지 음료수
모든 것 다 담을 수가 있다

헌데
내 몸에 생성되는 물질
고혈압 고지혈 당뇨병 등은
보이지 않아서인지
담을 그릇이 없다

주위 사람들께 물어보니
그 물질은 담을 수가 없으니
당신이 대신 평생 담겨 살란다

내 몸은 거대한 병이지 싶다

동행

갓 태어난 어린 물
걸음마로 나를 따를 수 없고

장년이 된 물은
나와 동행 하려는데

꾸물댄다고 꾸중 듣고
한바탕 얻어맞은 물은
뛰는 듯 달려간다
나를 따돌리고 혼자서

홀로 된 나그네
이 생각 저 생각 사색에 파묻혀
유유히 걷다보니
물의 마음 헤아리지 못한
불같은 내 마음 가누지 못한 것
이제사 그걸 알고 불을 끄려하네

허상

당신만 생각하면 가슴이 두 근반 세 근반
몸체도 없고 보이지도 않는 것이
소리 없이 슬며시 내 몸에 들어와
시퍼런 도끼날로 마구 찍어댄다
가슴이 찌릿찌릿 아프다

손도 발도 없는 놈이 때리는 재주는
어디서 누구에게 배웠는지
실체는 없어도 아프게 하는 데는
달인 급이다

불을 켜고 눈망울을 굴려
내 아무리 뒤지고 찾아도
보이지도 않고 잡을 수도 없으니
피안의 바다가 아련키만 한
사랑일까 아니면 이별일까

당신만 떠 올리면 아득함이
두 근반 세 근반

예명

하늘은 하얀 목화밭
밭이랑 사이로 한가롭게
구름이 지나간다
푸른 언덕에 청솔이 풍기는 향기
솔솔 코끝을 맴돌며 유혹한다

눈으로 보내고
눈으로 맞는
행운(行雲)
마음에 구름이라도 이는 날엔
한가로이 언덕에 누워
구름을 피워 본다

나를
운고(雲皐)라 한 소의가 이러하다

구애(求愛)

이슬 맺힌 감나무에
매미가 운다

누구를 부르는 건가
노래라도 들려주려는 건가
맴 맴 단음절의 불협화음
애달프게 울어댄다
맴, 맴, 맴, 매~음

이 세상에 남은
얼마 안 되는 날짜 알려주며
빨리 오라고 부르는 소리일까
돌아감이 슬퍼 부르는 애곡인가
맴, 맴, 매~음

미물도 돌아감을 알고 슬피 우는데
만물의 영장이란 인간들
오는 줄도 가는 줄도 모른 채
배회하고 있거니

소걸음

세상이 온통
앞서 가기 위해
추월하기
건너뛰기
끼어들기
밀치기 경주다

서둘다 보면
헛발질하기
잘못 들어서기
심지어는 탈선하기까지
사뭇 행보가 점잖지 못하다

발자국으로 찍은
내 행적이 또한
그러하지 않았던가?

산수를 앞에 하고 철이 들었는지
오늘은 뚜벅뚜벅 소걸음으로 걸어 본다

부부애

이른 새벽
까치 한 쌍
까치 까치, 까까치
부창부수 사랑으로 아침을 연다

다음날
까치 까치 까치 까까치 까까치
격음이 오고 가더니
부부싸움 했나
어디가 아픈가?
힘이 없다

아파도 부창부수
상해도 부창부수
천생연분이 따로 없다
까치 까치 까까치

미안해

날마다 밤만 되면
무릎 관절이 더 아프다고
잠을 자지 못한다
이 방 저 방을 넘나들며
날밤새며 고통을 감내하는 당신

다리가 주인 말을 듣지 않으니
주인은 아플 수밖에 없다
대신 아파할 수도 없으니
말로 때우고 잠만 자는 나

한쪽만 할 것을 양쪽 다 수술을 해서
더 아프다고 궁시렁대는 아내
그 독백에 할 말이 없다

불편한 것 연장 시키지 않으려고
한 번에 요절내는 것이 좋을 것 같아
하는 김에 모두 하자고 꼬드긴 것이
원망으로 회귀할 줄이야

그래 미안해 정말 미안해

사랑 할래요

봄철에는
색동옷 입고 춤추는 귀염둥이 아이처럼
새싹이 돋아나는 새로움으로
봄나물같이 향기로움을 풍기는
사랑을 할래요

여름에는
진달래꽃처럼 화사하게
장미꽃같이 정열적으로
뜨겁게 땀나도록
사랑 할래요

가을에는
넉넉하고 여유로운 대지처럼
결실을 맞이하는 열매같이 알차고
단풍같이 아름다운 마음으로
사랑 할래요

겨울에는
서리가 풀잎을 감싸듯이
함박눈이 대지를 포근하게 덮듯이
아가페 같은
사랑을 할래요

나는 1년 365일 한결같이
당신을 바라보며 살고 싶습니다

노옹의 마음

꽃과 나비로 만난 지 반세기
하 하 호 호 웃음과
눈물의 희로애락도 함께
다투기 수백 번에 입씨름도 수천 번
갈등도 반목도 많았지만 참고 또 참았다

싸우면서도 정은 태산이 되고
태산이 돼 신뢰로 굳어
옆에 있으면 보기 좋고 든든하고
보이지 않으면 허전하여 찾게 된다

여보!
나 왔어, 어디 있어, 이제와요
왜요?
주고받는 대화로 열고 닫는 하루
여보! 어디 있어
불러볼 수록 가슴에 안기는
주름진 얼굴

새벽 병실

칠흑 같은 어둠이
흐르다 간 병실
새벽빛이 살금살금 스며드니
도란도란 힘없는 속삭임이
소곤소곤 새어 나온다

신음소리 사라지고
웃음소리도 간간히 흐른다
숨소리 가쁘지만
찡그린 미소가 아픔을 넘는다

새벽 등에 업혀 여명은 가고
밝은 태양이 찾아드니
백옥 같은 하얀 입술이
분홍빛으로 살아나고

백의 천사 웃는 인사말에
희망이란 단어도 덩달아 온다

병상 풍경

번쩍 섬광이 빛났습니다
온 누리가 어둠에서 깨어났습니다
커튼 속엔 살아 있다는
움직임이 아른 거립니다

밤은 암흑, 악마의 왕국
간밤의 신음소리
검은 야차가 거두어 가고
빛과 함께 안도의 마음들이 피어납니다

소곤거리는 옆 침대의 말소리는
살아 있다는 신호 이지요
환한 미소 천사가 다가옵니다
잘 주무셨지요?

예!
오늘도 무사히 넘기려는
희망이 가득 합니다
삶의 끈은 질기도 하지요

제2부

동행자

기다림

선채로 창가에
입석(立石)이 되어 본다

돌에도 그리움이 코일로 감겨
자장 하는 피가 돌 무렵

귀 기울이면
목련꽃잎이 터지는 소리
옛 벌목꾼이 찍는 도끼날 소리이듯
찍어대는 뻐꾸기 울음소리
잠시 머물렀다 남기고 가는
바람의 밀어가 들린다

선채로 창가에
입석으로 서 보면
기다림을 밟고 오는 님의
먼 발자국 소리도 들린다

보고픈

그리움이
내 가슴속을 파고들더니
아늑한 보금자리를 튼다
아마도 따뜻한가 보다
알을 낳고 새끼도 친다

아무리 추워도
영하의 날씨 고드름이 달려도
얼지 않고 커져만 간다
알 깨고 나온 따끈한 별들

하늘에 계신
부모님 누이동생 생각이 나
낙하산 탄 민들레 되어
공중 부양을 하려 한다

등긁이

할아버지가
항시 곁에 두고
애첩보다 아끼는
효자손 등긁이

한 세월
하모니카요 청춘보이
날려 보내고
할아버지의 등긁이로
업혀 살며

지난 여름
누나이듯 등에 업혀 살다
가버린 날의 추억을
문질러 댄다

할아버지 기지

할아버지와 술집 주모는 그렇고 그런 사이
매일같이 그 집에 출근, 둥지를 틀듯 하였다
6·25때 패주하던 인민군 서 너 명
총 들고 주모 집에 들이닥치는 바람에
집으로 쫓겨 오셨다

뜬눈으로 밤새우신 할아버지
새벽같이 술집으로 내 달아
주모에게
"인민군 늠(놈) 들 다 갔소?"
주모가 부엌에서 나오며
손가락으로 입에 열십자를 그린다

순간
안 방문이 스르르 열리며
"아바이 동무 지금 뭬라 했슈까?"
순간 아이쿠 큰일 났다 생각하면서도
"인민군님들 다 갔소 그랬소 왜"
"무엇이 잘못 되었소"

오히려 큰 소리를 쳤다
방문이 닫히고
주모와 할아버지 가슴을 쓸어내린다
십년감수 했다면서

그들이 떠난 후
주모가 우리 집에 와서 칭찬을 하신다
할아버지 기지가 대단하다고

단오

남대문 모래밭엔
힘줄 굵은 사내들이
힘을 겨루는 모래판

언덕배기 느티나무 가지엔
춘향 흉내 즐기는 가시나들의
그네 줄기

선남선녀들이 벌이는
한판 축제
아슴아슴 되살아나는
먼 시절의 한 스냅 같은
광경들

오늘은 귀염둥이 손녀
우정이 생일
우정이 태어난 날이
단오 날이었지

이별

식칼로 무 자르듯 싹둑 썰어 드릴까요?
고등어 생선 대가리 사정없이 내리쳐
뚝뚝 잘라 드릴까요?

왜요
맛이 없나요
왜 머뭇거립니까?
소금이라도
한 움큼 뿌려 드릴까요?

그러면
당신 마음
시원 하시겠습니까?

나는 눈물이 나네요

그리운 엄마

엄마와 나눈
그중 소중한 말은 울음이었다

불효도
감사도
사랑도 말 대신
울음으로 건넸다

지금은
하늘나라에 계신 어머니
오늘도
하늘바라기 하고 서서
말 중의 말
울음으로 건네 본다

사랑

창문으로 당신을 보는 순간
내 안으로 들어 왔다

머릿속에 자리를 잡더니
얼마 있지 않고
가슴 방으로 옮겨 앉는다

그래도 성에 차지 않은지 아예
또아리를 틀고 앉아
꼼짝도 않고 용을 쓴다

아무리 나가라 해도 들은 척도 않는다
있는 힘을 다해
쫓아도 나가지를 않는다

당신의 가슴이 너무 푸근해서
나갈 마음이 없단다
평생 당신을 안고 살아야 할까 봐

동행자

일어서면 일어서고
앉으면 같이 앉는다
일 거수 일 투족을 흉내 내면서
밤이나 낮이나
다른 이 보거나 말거나
내 있는 곳 어디에도 따라 다닌다

해님이 시기하여 내 앞에 다가오면
뒤로 물러서 몸을 사린다
우측에 서면 좌측으로
좌측에 서면 우측으로
뒤에 따르면 앞에 서면서

결코
해님과 다투지 않는다
해가 뜨는 낮이나
달이 뜨는 밤이나
한결 같이 따라 다닌다

햇빛이 없는 날이나
달 빛없는 밤에도 꽁꽁 숨어서
흉내 내면시 따라 다닌다
태어나면서 지금까지

까치

이른 새벽 부스스 일어나
호수공원으로 올라갔다
까치란 놈 암수가
가치가치(家致家治)짖어댄다

연유를 생각해 본다
의미를 풀어본다
암수가 집을 이루고
집을 다스리자고
주고받는 이야기

갑자기 부끄러운 생각이 든다
미물인 까치도 집을 짓고
집을 다스리자고 노래를 하는데
나는 치가(致家)를 하여 살면서
치가(治家)를 못하고 있다

오늘 아침
평생 함께하는 내 짝꿍
더불어 오지 않고 혼자
온 것이 못내 아쉽다
까치의 치가를 들으며

랑이 생각

오빠야 무겁지
왜 그런 생각을
같이 있으면 새털같이 가벼운데

가끔은 이슬이 되기도 하고
가끔은 가랑비가 되기도 하지만
멀리 있으니
너무 무겁네
머리도 무겁고

몇 년 만에 만났지
지난 일이
가벼워야 하였는데
자꾸만 무겁게 느껴진다

눈꺼풀이 내려앉는구나
랑아!
어디로 가느냐?
무거운 짐 내려놓고
가볍게 가거라

어머니 영상

이마에 땀을 훔칠 때에도 떠올리는
뙤약볕 아래서 김매시던 어머니

삽상한 바람일어 옷깃 스치면 떠올리는
베적삼으로 콩밭 매던 어머니

쏟아지는 비 피해 우산 펼치니
빨래 줄에 널었던 옷 거두시는
비 맞고 있는 어머니

우물가 여인들 물 깃는걸 보면
물동이 이고 동동 걸음으로
샘터로 가시던 어머니

한가위 맞아 보름달 쳐다 보니
내 손잡고 외가 집 가던 추억이 떠오르는

가만히 불러보는 어머니
불효로 아픔이 되고
그리움으로 보고픔이 되는
가슴으로 그리는 어머니

망각

할아버지는 술잔을 앞에 놓고
애비야 작은애야
어디가고 보이지 않느냐
눈물 콧물 뒤범벅이 되어도
아랑곳 하지 않고
삼촌 이름 부르시며 우셨다

잔이 비워질 때마다 나는
빈 술잔에 술을 따랐다
한잔 두잔 또 한잔 두잔
따르면서 울음으로 빈 잔을 채웠다
시간이 지나면서 지치고 지겨웠으나
할아버지 슬픔을 잠재우려고
술잔이 철철 넘게 술을 부었다
물끄러미 들여다보는 술잔에는
삼촌의 얼굴이 있었다

반세기가 넘은 지금
대청마루에서 옛 생각에 파묻혀
외로이 술잔을 기울인다
앞에 놓인 술잔 속에는 그날의
할아버지도 삼촌도 보이지 않고
높이 뜬 보름달만 가득하다

거시기

부부가 길을 가고 있다
거시기 있잖아
응
가지고 왔어
아니, 잊어버리고 그냥
한 번도 아니고 매양 그러면 어떻게 해

할 말이 없어서인지 미안해서인지
남자는 허 허 허 허 헛웃음만 날린다
사내들은 나이가 어리거나 들거나
철딱서니가 없다고
도붓장수 개 후리듯 한다

당신은 알고 나는 모르는
나는 알고 당신은 모르는
당신도 알고 나도 아는
거시기 때문에
때론

아내의 눈엔 거시기가 끼고
남편의 거시기가 백지장이 된다

매양
티격태격 아옹다옹 하지만
그래도
통하는 것이 많은 거시기

제3부

가을을 걷다

가을을 걷다

하늘을 보려고 290계단을
한 계단 한 계단 힘겹게 올랐더니
창공은 멀리 도망가고
억새들이 흰 바다를 이루어
가없이 출렁이고 있네요

봄바람에 눈이 트이고
여름 볕에 푸른 잎 칼날을 세우고
이제 가을볕을 받아
사랑을 속삭이고 있는데
많은 눈동자 지켜보고 있지요

바람의 구슬림에 몸을 비틀고
매몰찬 구박에도 울지 않고
시침 떼고 춤만 추는 으악새
남 몰래 속삭이는
밀어를 귀동냥하면서
가을을 한 아름 안고 걸었습니다

산수유

안개풀이
속세를 멀리하여 물러앉은
소요산과는 달리

일주문 자재암
대웅전 문 젖혀 열고 맞은
속인들의 발길

폭포소리에 실려
출이(出離)의 옛이라도
찾아 가는 길인가
행보 재촉하고

산자락 가지마다
황달기 못 면한 산수유만
한나절 춘곤증을
떨어내지 못하고 있다

달맞이꽃

그래요
미워했지요
뜨거운 햇볕 쏟아지면
너무너무 더워서 미워하였지요

그래요
괴로워하였지요
조용한 밤 들려오는 색소폰 소리
그대모습 삼삼하여 괴로웠지요

그래요
상심 하였지요
어디서 무얼 하나
지나가는 사람들만 보아도
그 속에 당신이 보이지 않아
마음 켜켜이 아려웠지요

소요산 진달래

머리엔 구름을 이고
허리엔 안개를 두르고
만상을 품고 의젓이 앉아 있는 소요산

일주문 들어서 자재암 대웅전을 지나니
억겁의 시공에 눌려도
황홀하고 아늑하기만 한데

떨어지는 폭포 안개비 만들고
끊기지 않는 물노래에 스님의 독경소리 더하니
가슴이 뛰고 마음이 설렌다

그 품에 안겨 애교 떠는 너 반갑기만 하구나
원효가 들어선 듯 착각을 하였는가
불꽃 같이 붉게 화장하고
하늘하늘 춤추며 활짝 웃는 너

정녕 너는
요석 공주의 화신인가
오가는 사람들의 마음 설레게 하니

참외밭

황금물결 넘실대는
적막한 외단 섬
팔구월 해는 길기도 하다

매미가 매암 매암하면
외딴섬 원두막에선
귀머거리 아줌마가
기둥에 귀대고
무슨 소리 안 나는가?
가늠하려 엿듣고 있다

서리 왔던 아이들
아랑곳 하지 않고
아줌마의 눈을 피해
푸른 바다에서 황금을 수확한다

발자국

눈길에
나란히 발자국 찍혀 있다
굴곡도 없는 똑 바르게 찍힌 그림
흐트러짐 없는 것으로 보아
헛발질도 취기도 없었던 듯싶다

마음엔 듯
가슴엔 듯 눈이 내린다
눈길 하나 내어 발자국 찍고 싶다
헛발질 없는 당당한 행보의 발자국
찍어보고 싶다

낙수소리

더러는
건반을 두들기는 피아노 소리 같기도 하고
더러는
물 매운 젖은 북소리 같기도 하고
또 더러는
불협화음의 설거지 소리 같기도 한

통 통 울려오는 그 소리
그 때마다
마음 따라 둔갑하는 귀
낙수는 귀 아닌 마음으로 듣는
불협화음이다

별이 빛나는 밤에

별들이 지상의 애인들과 사랑을 나누려고
반짝 반짝 신호를 보낸다
애인을 만나기도 전에
구름이 시기를 한다

바람이 지나다 말고 별들이 애처로워
구름을 살짝 건드려 밀어 본다
화가 난 구름 일가친척 모두 불러
세를 과시하고 더하여
이웃의 번개 도움도 청하여
바람을 위협하지만 바람이
제 먼저 알고 온데간데없이 사라졌다

구름은 별들과 교접하려 하지만
쳐다만 볼 뿐 힘이 미치지 못하여
화난 구름 꿩 대신 닭이라고
엉뚱한 화풀이로 지상의 초목들을
마구 두들긴다

사랑이 무슨 죄인가
저도 사랑 찾아 가면 될 것을
남의 사랑을 빼앗으려 하나
멀리 있는 내 님도
저와 같이 고생을 하고 있나

까치밥

감나무 끝에 매달린
붉게 물들인 까치밥 한상

간밤에 내린 눈에
흰 모자 하나 얻어 썼다

지나던 나그네
그림 좋다고 한마디 한다

허기진 까치부부 날아와
조반상 차리려고 분주하다

아무리 찾아봐도 보이지 않자
주인 아저씨께 물어 본다

내 밥상 어디 두었나요?
내 밥상 어디에 감추셨나요

까치 까치

가을밤

도둑고양이처럼
몰래 바람이 지나 간다
귀뚜라미가 알아차리고
귀띔을 해 준다

귀띔에도 깊은 잠에 빠진 주인 내외
기척도 없다
답답한 귀뚜라미 거실까지 들어와
귀뚫어 귀뚫어 연실 외쳐댄다

울음에 놀란 주인 아저씨
눈을 뜨고 하품 한번 길게 하더니
바람은 잡지 않고
옆에 있는 아내의 솔밭을
조심스레 더듬는다

가을비

하늘은 울고 있다
눈물을 뚝뚝 흘린다
흘린 눈물 가을바람 등에 타고
낙엽 속으로 숨어버린다

안쓰럽고 가엽게 바라보던 당신
많이 슬픈가 보다
태양도 무서워하지 않고
하늘이 좁다고 함께 뛰놀던 그대
무엇이 뒤틀어져 흩어지려하나
제 갈길 가려고 이별의 만찬중인가

아쉬워서 모여든 일가친척
떠나보낼 형제들 남은 형제들
마지막 밤의 만찬을
눈물로 대신한다

가을

가을은 색이다
노란색 붉은색 보라색

가을은 소리다
으악새 속삭이는 소리 낙엽 구르는 소리

가을은 노래다
기러기가 노래한다, 귀뚜리가 노래한다

가을은 나그네다
하늘엔 구름나그네, 길엔 고향 찾는 나그네

가을은 준비의 계절이다
반소매 묻고 긴소매 꺼낸다, 겨울을 준비한다

가을은 결산의 계절이다
봄, 여름 내내 키우고 가꾼 수확물을 결산한다
내일을 준비한다

소나기 · 1

구시렁대는 소리도 같고
외발로 찍은
발자국의 불평 같기도 하고
일진의 행차가 요란스럽게
울리는 발걸음 소리 같기도 하고
바람의 등에 밀린 도주자의
잰 발걸음 같기도 한
소리 있어 문을 여니
한줄기 소나기 행차가
남기고 간
발자국 소리

소나기 · 2

꿈인지 생시인지
정신이 몽롱한데
어딘가에 장구 치는 소리
때로는 엷게 때로는 짙게
강한 음 같기도 하고 약한 음 같기도 한
그 소리 몹시 곱기도 하다

어떤 때는 추임새 때문인지
고요한 시간도 흐른다
귀를 쫑긋 세우고
눈을 비비면서
소리 나는 곳을 찾아
창문을 여니
소리를 싣고 쏟아지는
한줄기 소나기

폭설

강설기마다
하얀 가슴이 되던
가슴이 되어 순수로 돌아가던
그런 옛이 그립다

따뜻한 아랫목의 행복과
행복으로 나누었던 체온
강설기엔 그런 순수로 행복했다

지금은 강설기 아닌 폭설기
분 분 분 내리던 옥분이
분통이라도 터졌는지
세상을 파묻어 버렸다

하늘 따라 시대가 변했는지
시대 따라 하늘이 변했는지
그리움도 공포로 변해버린
폭설기

제4부

척척 스타일

상승기류

지구의 온난화로 기온이 올라가고
남쪽 사과밭이 북으로 올라가고
열대식물이 온대지방으로 올라가고
땅은 협소하고 사람은 많으니
땅값도 집값도 올라가고

나무들도 빽빽하면 하늘로 올라가고
향일성 식물들도 햇빛 보러 올라가고
등산객은 산으로 올라가고
산골 마을 굴뚝엔 연기가 올라가고

나라 곳간 채우려니 세금도 올라가고
품삯도 물가도 올라가고
덩달아 인간의 욕망도 올라가고

끝도 없이 올라만 가는 세상
헌데 사람값은 떨어지니
이를 어쩌지
낙법이나 익혀둘걸

척척 스타일

오만 원 돈다발을 한 아름 안고 부자인 척
각종 사전 옆에 끼고 박학다식한 척
명품 옷 좋은 외제차타고 보신하며 잘난 척
자기분수 맞게 행동해라 분수없이 척 척 척

돈 한 푼 없으면서 빈 지갑에 현금 많은 양 과시하며 부자인 척
철지난 잡지 들고 아무것도 모르면서 세상일 모두 아는 척
모양세도 안 좋고 볼품없는 자가 폼 재고 잘난 척
빈 수레가 요란하다 수레에 맞게 척 척 척

가진 자가 돈 없다고 궁상떨며 없는 척
아는 것이 많으면서 아무것도 모른 척
남 보기에 잘 난 사람이 못난 척
세상 뺨 때리듯
척
척
척

척이 대세요

이 척 저척 세상이 모두 척 척 척 타령이니
이 척이 좋은지 저척이 좋은지 가늠하기 어려워
모든 척 내려놓고 외면하고 살아갈거나

끝말잇기

같은 말을 연거푸 꼬리를 물고 간다

끝말잇기
기가 차다 다방 방망이 이발소
소달구지 지나치다 다치다 다치다
끊임없이 끝말을 이어 가다가
같은 말이 나오면 그치고
아유! 힘들어 쉬어가자

또 끝말을 이어가기 시작하고
여러 번 계속하다보면 그게 그거지 뭐
대단하다고 목매어할까
첫 자가 끝 자이고 끝 자가 첫 자인 것을
왜 모르나
상지상 상지상, 하지하 하지하
바로하나 거꾸로하나 그게 그거지

글쟁이

한자 한자 모아보니 단어가 되고
이 단어 저 단어 하나 둘 풀칠해 맞춘 문장
문장과 문장을 짝지어주니 줄글이 되네

수많은 해와 달을 흘려보내고
세월을 낚으러 이곳저곳 유랑했지만
내 속에 남는 것은 허허로운 바다뿐이고
무위도식 한다고 비웃는 소리 요란하다

이참에
남은 분장 죄다 내려놓고
어제와 오늘의 나 사이에 무자 화나 채울까
남들을 가(家)자를 부쳐 부르는데
나는 쟁이도 되지못하니 부끄럽기 그지없다
이제라도 늦었지만 쟁이라도 되어볼까

하여
오늘도 허공을 한 아름 안고서
지하철을 탄다

취녀(醉女)

어스름 달밤
한 여인이 가로등 전신주에 기대어 있다
짧은 치마 잘록한 허리
다 보인다

바람이 없는데도
몸이 흔들리고
흔들릴 때마다
세상을 토해 낸 토사물이
악취를 풍기고 있다

기둥인 양
서방인양
꼭 껴안고 놓아주지 않는 전신주
지나가던 쪽달이 전선줄에 앉아
한심한지
째려보고 있다

북한 땅

낮에는 고산준령이 꿈틀대고
밤에는 암흑의 바다가 출렁이고
하늘에는 별빛만이 총총한데
내 가슴속 한 모퉁이엔
태산과 흑빛 바다가
공존하고 있으니
어찌 가슴이 아프지 않으리

용한 의원 있어 나에게
달려와 진맥을 하여 보고도
가슴앓이 고칠 방법이 어렵단다
돈이 아무리 들어도 가슴앓이 고쳐서
환한 웃음꽃 피웠으면

명태가 하는 말

코를 꿰어 매달려 비쩍 마른 내 몸
방망이로 얻어맞아 만신창이가 되고
온 몸이 발기발기 찢어지고
외피까지도 발가벗어야하는 신세
이 세상에 왔다가
누군가에게 만족과 행복을 주고
불평 없이 가려 했다

제 것 챙기려고 피 터지게 싸우다가
적당히 타협하고 이익을 챙긴 후에
한자리에 모여 앉아 떠드는 소리
국가와 서민을 위한다고 나불대며
끓는 물에 나를 넣어 피와 땀을 우려 내
시원하다고 만족해하는 철면피 인간들
한 점의 연민이나 동정도 없다

남의 도움만 받으면서도 제 잘났다고 하는
남의 밥에 붙어서 연명하는 쉬파리들

제 잘난 줄 알고 뒤 돌아볼 줄 모른다
남의 피땀을 마시면서 만족해하지 않고
당신 배만 채우려 하지 말고
입으로만 뇌까리던 그들(서민)을 위해
참된 일꾼이 되어 보지 않으려나?

등을 위하여

앞집 담장이 헐렸습니다
당신은 쫓겨났습니다
너무 가련합니다
안타깝습니다
두 눈을 부릅뜨고
앞뒷집 그리고 옆집까지도 지켜주던 당신이
허무하게 없어지는가요
토사구팽 당하는가요

앞집 어른이 불쌍하게 여겨
대문간에 방 하나 만들어 주어
겨우 거처를 만들었군요
그래도 당신은 아무 말 없이
원망도 하지 않고
예와 같이 밤새도록 당신의 빛을 발해서
오고 가는 사람들을 보듬어 주면서
앞집까지도 용서하고 어루만져 주고 있으니
당신은 천사입니다

장마 · 1

여우같은 아낙네는 관계없다고 시시덕거리고
야수 같은 남정네는 비 온다고 수선을 떤다
지금 계절은 비오는 장마철

오늘도 우사는 폭우를 쏟아 붓는다
산사태다 인명 피해다
곳곳에서 흙탕물 세례
많은 사람 우왕좌왕
내리는 물폭탄 피하려고 안간힘

지겨워 못 살겠다 아우성
천재다 인재다 말만 앞세워
오늘도 여우들과 야수들은
나는 옳고 너는 틀렸다고
피터지게 싸우기만 한다

피해는 나 몰라라 떠넘기고
저들의 이해득실만 챙긴다
아 언제 장마가 끝날까

장마 · 2

하늘이 물을 동이째로 붓고 있다
구멍이 뚫렸나
여름 장마가 시작 되었는가
순식간에 지천도 강물도 불어났다
개천 가장자리에 널려져 있던
온갖 잡동사니를 싹 쓸어갔다
깨끗해졌다고 좋아들 했다

그러나
불어난 물이 농경지를 덮고
산들이 허물어져 사태가 나면
삽을 메고 이리저리 뛰면서 지겹다고 싫어하는 농부
물난리 겪는 피해자들 지겹다고 아우성이다
모두가 그때그때 입맛에 따라 말을 한다
어떤 자는 좋다고 어떤 자는 나쁘다고
사람마다 한마디씩 한다

장마 보고 장마 겪고 각자 처지 다르지만
모두 같은 생각하는 날이 있을까
장마 질 징후가 보이면
미물인 개미들도 한 줄로 길게 이어져
이동하며 피해를 예방하는데
인간들은 개미만도 못하다
한 가지라도 통일된 마음이 없다

장마 비가 가고 나면 얼마나
또 얼마나 많은 말들을 만들어 낼까
마음만 믿고 사는 사람들에게
입으로 먹고사는 사람들 솔깃한 말들을 만들어
오뉴월 쉬파리 날듯 윙윙거리면서 날아다니겠지

어른들 말씀

세월호 배는 기우는데 방송은
움직이지 말고 제자리 지키란다
어른들 말씀 잘 들으라고 배웠으니
모두들 무섭지만 가만히 있었다
그러다가 모두 수중 원혼이 되었다

6·25 때도 그랬다
인민군이 서울에 들어왔는데도
방송은 여전히 안심하라고 하였다
그러다가 한강 다리가 끊기고 피난 못해
북으로 끌려간 사람 부지기수

꿈속에서 아버님을 보았다
어떤 사람과 같이 가시며 손짓을 하신다
빨리 따라 오라고 재촉을 하신다
효도를 근본으로 알고 자란 나는
부지런히 아버지 뒤를 따랐다

거리를 두고 아버지를 따라가다 말고
꿈에서도 세월호 생각이 났다
아버지 몰래 다른 길로 들어섰더니
귓전에 사람들 소리가 들린다
그 소리에 이끌려 눈을 뜨고 보니

응급실, 왜 응급실에 왔지?

자연의 변화

기후가 온난화로 변하고 있다고
너나없이 한마디씩이다
태백산맥 동쪽엔 영동할멈이
때늦은 동장군을 잡고 눈물을
펑펑 쏟아내고
서쪽엔 때 이른 햇볕에 좋아라고
청춘들이 너나없이 일제히 웃고 있다

모두가 미쳐버렸는지
정상이 아니다
비정상을 정상화 한다더니
눈(雪)도 꽃은 꽃이니
할 말은 없다

전후도 질서도 없는 뒤죽박죽
함께 가자 담합을 하였는지
차례를 무시하고 한꺼번에
히죽히죽 웃음을 날린다

봄, 여름, 겨울이 서로 숨바꼭질하니
입고 있어야할 때는 벗고
벗어야할 때는 입어야하는 둔갑에
인간도 덩달아 미칠 수밖에

아무리
비정상을 정상화한다고 해도
귓전으로 흘러가는 바람일 뿐이다

축수

세종홀에서
갑년을 축하한지
어제 같은데 벌써
강산이 변 했군요
인생 칠십 고래희도 옛말
홍안 동심 그대로 간직 했네요
학의 장수는 목이 길어서인가
홍안 동심이 장수의 진수

형!
천수 누리옵소서
시간은 화살과 같다 하였던가
사람마다 생각이 다르지만
한 가지 같은 마음은
빠르다는 것 이지요
영겁과 찰나의 시공 속에서
많은 일도 하셨습니다

조상의 뜻 받들어
세세연년 이어갈 자손이
만당하고
남들이 부러워하는
만인을 위한 봉사도
많이 하셨으니
세세손손 영광 있기를
바라옵니다
비옵니다

해우소(解憂所)

배가 부르니 아무 생각 없다
맛 좋은 것이 있어도 관심이 없다

영양분 모두 거두어 온 몸에 공급하고
밖으로 내 보낼 잔유물들이
배속에서 외출하고 싶다고 요동칠 때
그대를 생각합니다

구름이 무거우면 비를 뿌리고
지고 가는 짐이 무거우면 벗고 싶듯이
나 또한 버리고 싶은 것들이
나를 괴롭힐 때 참을 수가 없지요

당신은 내 이런 사정을 알고서
기다려 주고 받아주는 아량 있어
고마운 존재지요

때론 무색으로 때론 황갈색으로
쉴 틈도 주지 않고
두드리고 더럽혀도
말없이 받아 주니
나는 당신 앞에만 서면
고개를 숙입니다

내 근심을 덜어주니
당신은 나의 구세주입니다

오월의 하루

재각, 재각
시간이 흐른다
무덥고 지루하다
길게 하품 한 번하고
벽을 본다, 시계를 본다

재각, 재각
초침은 변함없이 걷는데
소리도 변함없이 나는데
시간은 굼벵이다

재각, 재각
지루한 이 시간
짜증스런 오월의 오후
시간이 가면 늙어지는데

왜?
시간이 가기를 바라는가

제5부

심여수

심여수(心如水)

맑고 곱고 아름다움보다
더 아름다운
마음 헹구어 물의 덕을 배우고 싶다

낮은 곳만 골라 딛는 겸손
막히면 돌아가는 지혜
어떤 용기에도 수용되는 융통성
온갖 오수 마다않고 받아들이는 포용
견고한 바위도 뚫어내는 인내
비탈과 벼랑마다 않고 뛰어내리는 용기
많이 모일수록 하나로 흩어짐이 없는 합일

그런 물의 칠덕을 벗하는
심여수이고 싶다
그런 나이고 싶다

산불

붉은 혓바닥이
딱딱한 나뭇가지들을
연한 풀을 뜯어 삼키듯
잘도 씹어 삼킨다

초롱 속에 갇혀있던 할머니
무엇이 원통한지 한 펼쳐 날개하고
머리 풀고 하늘로 올라간다

뒤쫓던 붉은 혓바닥이
고산준령도 마다않고
허기 못 면한 듯 모조리 먹어치운다

심심치 않게 붉은 악마는
해결이도 않고
매년 혓바닥을 날름댄다

고등어

깊고 넓은 바다에 세 들어 살아왔다
내 잔뼈가 굵었고 등에는 푸른 무늬가 생기고
그 속에서는 수많은 가족들과 어울려 놀았다

하지만
이제는 식탁위에 놓여 진 생선 한 접시
당신 입맛에 맞는 맛있는 반찬일 뿐이다

마음 놓고 헤엄쳤지만 꼬치 되어 꿈적도 못 한다
나
이젠 알겠다
살아 숨 쉬는 즐거움이 얼마나 좋은지

나는
곧 해체될 것이다
포크와 젓가락이 사정없이 달려들면
순식간에 내 이름은 없어질 것이다

석양

뛰는 아이들
저마다 집으로 돌아가고
남아 있던 햇볕마저
골목으로 숨어버리는 시간 때면

거북등에 물고를 트고 돌아온 아버지
올 한 해 물 걱정 없이 농사 잘될 것이라고
안도의 숨을 내 뱉으며 신발을 턴다

반기는 기색 감추지만
비린내 나는 불판에 고등어 올려놓고
이리저리 뒤집으며 냄새를 피우며
저녁상을 준비하는 어머니 얼굴엔
하루치의 행복이 꽃처럼 핀다

더위 쫓던 바람이 가상히 생각
어머니 이마의 땀방울을 훔쳐 주고
지나가던 초저녁달도 부러운 듯
밥상머리 비집고 내려앉는다

적막

어슴푸레한 초저녁
일찍 잠든 채 달이 졸고 있고
칭얼대는 아기도
자장가 없이 스르르 눈을 감고

귀청 떨어지게
울어대던 귀뚜라미도
울음을 멈추었다

창문에 어른대던
그림자까지도 자취를 감춘
모든 것이 정지된 듯한
이 한때

깊이 모를 정적 속으로
내가 가라앉는다

산정에서

눈을 들어 멀리 보니 휘몰아간 산세가 보이고
눈을 감고 들으니 뭇 새들의 지저귐이 들리고
잠시 잠깐 앉아서 자연 속에 안겨보니
근심 걱정 어디가고
무릉도원에 든 느낌이다

스쳐가는 바람은 귓볼을 자극하고
몸을 휘감으면 간지럼까지 온다
소리를 지르면
저 앞산에 있는 친구가
기다렸다는 듯이
흉내 내어 되돌려준다

혼자 있어도 혼자가 아니다
자연과 더불어 살고 있는
새들과 바람이 친구가 되니
외롭지 않다

떠가는 뭉게구름도 부러운 듯
뭉게뭉게 꽃송이를 피우며
저와도 함께하자고 아양을 떤다

내일 모래도
그대들을 만나러
다시 오고 싶다
사랑하는 임들아!

벽시계

양날의 가윗날로
종일 잘라내고 잘라내도
잘라낼 수록
자라나는 시계바늘의 둔갑

저 가위로
세월의 등도 도려내
멈추게 할 순 없는가
늘어난 얼굴의 주름 사이로
세월이 길 재촉하며 걸어가고 있다

방울토마토

시끌벅적한 재래시장
눈요기하며 지나가는데
탱글탱글한 탄력 용수철 되어
발목잡고 놓아주지 않는 방울토마토

붉은 입술 닮은 때문일까
포동포동 젖가슴 같아서일까
아니면
깨물면 툭 터질 것 같은
싱싱한 체취 때문일까

알알이 새빨간 상상력으로 영근
토마토 한 봉지 사들고
귀로의 발걸음 가벼이 내딛는다

고향지기

바짓가랑이엔 이슬방울이
이마엔 땀방울들이
함께 살자고 달라붙는데
동산에 든 햇살이 시샘하여
밭이랑에 뿌려 진다

시골 농촌 지키는 지킴이 노인
오늘도 무지개를 띄우며
밭이랑을 이리 저리 넘나든다

그때마다 이슬들이
함께 살아 있어주어서
고맙다고 말하며
밭이랑 흙속에 집을 짓는다

무지개품은 땀방울까지도
고향 찾아 떨어지는데
고향 떠난 친구들 소식이 없어
지킴이 노인 보고픈 마음

산을 보고

평지에서 올려다보니
높기도 하여라
하늘을 찌를 듯한 산

올라가 정복하니
별것도 아니다
오히려 골이 더 깊다

산은 제자리에
가만히 서 있는데
사람들은 제각기
높다느니 얕다느니
찧고 까분다

세상 참 말이 많다

다리

걷고 있다
어제도 걸었고
오늘도 걸었다
내일도 걸을 것이다

걷고 또 걷다가 지루하면
쉬어서 충전하고 다시 걸을 것이다
물을 만나면 수영도 하고
산이 막아서면 등산도 하고
꽃을 만나면 사랑도 하며
걷고 또 걸을 것이다

걷고 걷다가 피곤하면
육신은 심연의 바다 속으로
내 영혼은 떠가는 뭉게구름에 실려
온 세상 누비면서 걷다가
당신께 바칠 것이다

공중전화 박스

한때는 인기 절정이었지
나를 보려고 나와 키스하고파서
길게 줄도 서고 난리였지

어느덧
내 종족은 거의 다 사라지고
어쩌다 지나는 사람 있지만
안다 또 아는 척도 않는다

지금은 무선전화기 하나씩
들고 다니면서 보고 즐기는 세상
내 그들을 탓할 수만은 없다

저희끼리 마음대로 손가락질도
기다리지 않아 좋다고 웃고 떠드는 그들
나를 영영 잊고 구석에 방치하고 있다

마을 정류소에 앉아
졸고 있는 나를 보는 것 같아
쓸쓸하기만 하다

발의 푸념

165cm 키와
70kg이 넘는 몸뚱이를 이고
오늘도 바퀴 없는 견인차 되어
걷고 또 걷는다

고달픈 하루가 끝나면
찌르르 찌르르 벌레 울음소리
자장가 삼아
당신은 코골이로 피곤을 풀고

또 하루가 시작되면
당신은 운동이라고 하고
나는 봉사로 생각하는 운동
엇박자를 인연으로 알고
사는 당신과 나

오늘도 당신은 운동
나는 봉사라는 노동을
일과처럼 하고 있다

벽(壁)

하는 일이 안된다고 낙담하지 말고
슬픈 사연 있다고 눈물 흘리지 말며
억울함이 있다고
노여워하지 말 일이다

세상 살다 보면 이런 일 저런 일
여러 가지 사연 싣고
이사람 저 사람에게로 날아다니며
아프게도 슬프게도 한다

내가 있으니 기대어라
두드려라 할퀴어라 너의 친구 되어줄게
너의 하소연을 너의 넋두리를
언제라도 말없이 받아줄게
나에게 기대어라

오늘도 벽에 기대어
하소연 아닌 시름을 달래 본다

제6부

안양천변 벚꽃

안양천변 벚꽃

꽃가마 타고 왔다
꽃가마 타고 가는 당신
맞고 보내는 정
가만히 있을 수가 없어
온 종일 당신을 바라보며
사랑을 고백했다

주고받는 밀어
사랑의 효험으로 물들었던지
하루 종일 물소리 장단에
눈으로 마음껏 교접했다

갑자기 무거워진 하지를 펴고
집에 와서 확인하니
내 종아리가 임신을 했다
너무 진한 사랑을 했나

몸이 노곤하다

거실

중삼(重三) 33이 길수란 걸
어찌 알았을까
더위도 중삼으로 수은주를 세워 본다

세우면 대수인가
부채 하나면
높은 콧대 눈금 낮출 텐데

에어컨은 켜서 무엇하랴
손에 부채 하나 들고
망중한 즐기면 가시는 더위

굳이 피서가 따로 있겠는가
부채 바람으로
하일한(夏日閑) 즐기는 것을

보름달·1

오늘은 망월이 뜨는 날
고향집 앞산 정수리 생각 나
고개를 젖히고 하늘을 보았다

달빛이 파란 하늘을 청소하고 있다
달 속에 검은 나무와 산 같은 흔적
검은 먹을 푹푹 찍어 그려보고 싶다
그리다가 그리다가 힘이 부치면
여백을 두고 바라보고 싶다

그 여백의 진공 속으로
기러기떼 고향 찾아 북으로 날다가
푸른 진공 속 망월에 박힐 때면
푸른 별 사탕들도 그 옆에 뿌려지면
한 폭의 수채화가 내 머릿속에
완성되고 있다

보름달 · 2

날씨 좋은 어느 가을날
시골학교 운동장에서
투포환 시합이 벌어졌다

참가자들은 의기양양
팔뚝 근육 자랑하며
제각기 호기를 부린다

어느 선수가 던진 투포환
힘이 넘쳐서인가
멀리 던져진 채
중천에 떠있다

뻐꾸기

숲으로 들어서자
인사를 하는 건지
경계를 하는 건지
둥지 안에 잠자던 뻐꾸기
마구 격음을 쏟아 낸다

뻐꾹 뻐꾹
인사면 어떻고
경계면 어떠랴
뻐꾹 소리 장단삼아
한발 한발 숲길을 걷는다

보자기

삼베 보자기로 책을 싸서 어깨에 둘러메고
늦을세라 허겁지겁 뛰어갔다, 학교로
양철필통 속엔 몽당연필 달그락 달그락
심이 부러질까 모두 모두 깍지 끼고 있다

우리 아이 책가방은 예단 쌓던 보자기
가방보다 더 좋다고 투정 한번 안한 자식들
성장하여 이젠 의젓한 사회의 인물이 되었다

우린 삼베 보자기로 책을 싸고
자식들은 예단 보자기로
손자들은 보자기 대신 가방으로
반세기 세월동안 보자기는 가방으로 변했다

어버이날에 정성이 듬뿍 담긴 선물 보따리
카네이션꽃을 품은 고급스런 보자기
그 속에 감사합니다란 글자가 춤추고
사랑의 마음이 듬뿍 담겨있다

안개

창문을 열었다
앞집이 없어졌다
밤새 허물어 졌나
안개가 보쌈 해갔나
당신 보려고 밤새 기도했는데
내 눈에 백내장이 도졌나
눈을 비비고 자세히 또 보니
희미한 옛사랑이 부옇게 솟아난다

매일 같이 서로 바라보고 사는 것을
위안으로 삼고
정을 쌓으면서 살고 있는데
무슨 심술이 도졌길래 가로막나
정답게 지내는 것을 시기한 것인가
내 시계를 가리려 하다니

아무리 방해해도
우린 마주보고 산다
영원히

푸른 정원

고향 마을은 온 동네가 푸른 정원
개나리 황매 진달래 철쭉 코스모스
회양목 자몽나무 더해서 치자나무까지
다투어 철따라 꽃을 피우는 꽃동산

여름이면
울타리엔 봉선화 고들빼기
온통 꽃들이 핀 채로 병풍이 되고
들녘엔 콩과 옥수수 고추들 까지
함께 어울려 이루는 푸른 정원

도심 속에서
고향생각 간절하여
고향을 닮은 푸른 정원 보고파서
마당에 작은 정원 꾸며놓고
고향을 그려 본다

징검돌

비는 쏟아지고
갈 길은 멀고
시내물이 불어날까
안절부절
미리부터 바지 걷고
세월 속에 발 담근다

눈앞에 보이는 징검돌
하나 둘 건널 때
어떤 때는 잘못 디뎌
미끄러져 신발 적시고
어떤 때는 바람 불어
몸도 가누지 못했지만
하나 둘 건너다보니
어느새 칠십여 개를 건넜다

건너고 보니 아득하지만
당신을 의지해 건너온 세월
햇볕이 쨍쨍한 한 여름날
다시 찾아 발을 담근다

만원

천 원짜리 지폐는 퇴계 이황
만 원짜리 지폐는 세종대왕

설날 아침 어린 손녀에게
세배 돈으로 이황을 주었더니
에이, 세종대왕 세종대왕하며
내민 손 거두지 않아 한바탕 웃었다

출퇴근 시간 지하철 사람 만원
병원에 가면 환자들 만원
시장엔 바구니 든 아줌마가 만원

무릎 해진 청바지도 만원
살구 빛 운동화도 가게 앞 총각도
아가씨도 만원, 만원, 만원, 만원
온통 만원이라 소리친다

여기서도 만원 저기서도 만원
하루 종일 만원이 끊기지 않으니
어느새 내 가슴에도 만원이 그득하다

내일

나는 내일을 저장하고 산다
내일이 얼마인지 나도 모르지만
내일에 관한 한 나는 부자다

매일같이 하려는 일을
내일로 미루고
내일이 오면 또 내일로 미룬다
내일에 관한한 나는 부자다

내일을 다 사용하고 나면
모래가 올까 알 수 없지만
그래도 습관이 되어 또 내일로 미룬다
내일에 관한한 나는 부자다

정말 내일만 믿고 사는 나는
게으름뱅이다

소풍

싱싱한 푸른 봉우리
봉우리마다 흐르는 땀방울이
강물이 되어 흐르고 있다

누가 올랐던 봉우리인가
봉우리에 올랐던 이들은 지금
시원한 바람을 타고
학이 되어 날고 있겠지

산의 높이에 비례 해
계곡의 깊이도 비례 한다
계곡을 끼고 굽돌이 하는 맑은 강물
친구들 불러 모아 배 띄워 놓고
내 손이 노가 되어 뱃전 두드리고
뱃노래 가락 속에 낚싯대 드리우며

강태공 흉내 내며 낚싯줄에 매달려
공중 부양하고 싶다

오후 5시 풍경

오전 내내 하나님이 보낸 선물
한입 넣으니 혀끝이 감질난 설탕 같다
유년생각 걸머지고 공원 나들이를 했다

공원 놀이터 비탈길에
썰매 타는 아이들
비틀 비틀 춤추다가
꽈당 넘어져도
툭툭 털고 일어나
또 다시 춤을 춘다

유년 생각이 나서
나도 아이들과 함께
어울렸다가 꽈당 넘어졌다
아이들은 벽장대소
아픔대신 웃음이 나오는 것은
체면인가 여유인가
아니면 노심의 허탈인가

제야(除夜)

나는 지금 여기
세상 한 가운데 서 있다
앞산 뒷산 빽빽한 수목 속에
가만히 서 있다

하늘엔
해와 달이 지나가고
땅 위엔 바람이
개울엔 물도 노래하며 흘러간다

모두 어디로 가는지
정처 없이 행보를 계속 한다
지나가는 행보를 지켜보며
여기 가만히 서 있는데

소리 소문도 없이
내 머리엔 서리가 하얗게 앉았다

제7부

시집 평설

마음속 자신의 이야기 형상으로 재구성 돋보여

박진환
(시인 · 문학평론가)

1. 전제

시인은 분석 같은 것을 하지 않는다. 또한 이론적 설명도 하지 않는다. 시인은 다행히도 이론적인 정연한 문구나 논쟁해야 할 논리를 모른다. 그는 단지 결단하고 말해버린다. 그가 말하는 것은 인간에 관한 것이다. 그는 인간의 고통 · 상심 · 동경을 이야기한다. 다시 말하면 마음속으로부터 자기 자신을 이야기 하고 있는 것이다.

시인이란 어떤 존재인가, 무엇을 진술하고자 하는 존재인가에 답해주고 있는 필자가 즐겨 인용하는 임어당(林語堂)의 말이다. 분석 · 이론 · 논리가 아닌 인간의 이야기, 곧 자기 자신에 대한 진술자가 시인이란 뜻을 담고 있는 이 말 속엔 인간이 겪는 고통이나 상심은 물론이고 마음에 지니고 살면서 이루고자 하는 소망사고인 동경 등을 이야기하고자 하는 것이 시인이란 뜻의 요지를 담고 있다. 그 때문에 시인이란 마음속으로부터 자기 자신을 이야기하는 존재가 되게 된다.

이 말을 신비평시학이나 현대시법에서 보면 이야기는 달라진다. 신비평시학의 시법은 몇 가지 까다로운 시의 탄생이 수반하는 분석이나 이론, 그리고 논리적 배경에서 자유스러울 수 없기 때문이다.

신비평시학의 시법은 상반·상충의 대립적이고도 이질적 요소의 병치라는 양극화와, 이를 새로운 시의 질서로 합일해내는 컨시트 등 여러 다양한 레토릭을 요구하고 있다. 그 때문에 메타포나 원인적 비유, 유추나 상징 따위를 비롯한 상반의 균형으로서의 아이러니·펀·알레고리 같은 레토릭에서 자유로울 수 없으므로 분석·논리의 배제 쪽에서 보면 그 입장이나 견해가 각기 다를 수밖에 없게 된다.

시는 무엇을 드러내느냐에서 한발짝 더 나아가 어떻게 드러내느냐에 의해 시적 존재가치가 획득된다. 그 때문에 시가 시로서의 존재가치를 획득하기 위해서는 '어떻게 드러내느냐'의 레토릭과 무관하지 않게 된다. 이 무관하지 않는 것을 대표하는 것이 현대적 기획인 의도적 제작이다.

의도적 제작이란 한마디로 천성과 기술이라는 양면성으로 풀이될 수 있다. 천성이란 자연발생적인 경우이고, 기술이란 자연발생적인 것을 어떻게 미적 가치로서의 설득력으로 작용하게 하느냐를 결정짓게 하는 가미된 기술을 의미하게 된다.

전제의 모두에서 임어당의 지론을 인용한 소의가 여기에 있다. 인간의 고통·상심·동경과 같은 시인 자신의 이야기는 자연성일 수 있다. 그러나 이 이야기를 통해 감동을 체험할 수 있게 하는 것은 이야기가 아니라 이야기를 재구성해 주는 시법이 좌우하게 된다. 이 점에서 임어당의 지론은 시의 자연발생적 경우가 되고 이를 형상으로 재구성해 주는 기술은 현대시의 시법이 될 수 있게 된다.

전석열 시인이 상재한 처녀 시집 『반려의 세월』은 이 양면성을 함께 지니고 있다고 보여진다. 그것은 시가 말해주고 있는 다양한 이야기들이 예외 없이 자신의 이야기가 아니면 자신과 관계되는 진술들로 형상화되어 있기 때문이다. 이 점에서 보면 시집 『반려의 세월』의 이야기는 임어당의 시인론과 무관하지 않게 된다. 그리고 자신의 이야기를 양극화, 양극의 결합으로서의 컨시트, 아이러니나 패러독스, 유머 등으로 재구성해 주고 있는 시법에서 보면 현대적 기획으로서의 시법과 맥을 같이하고 있어 시의 양면성은 동전의 양면과 같이 불가분의 관계를 지니게 된다.

80여 편의 시를 6부에 나누어 수록하고 있는 시집 『반려의 세월』은 그 시역이 다양하다. 그만큼 자기 자신의 이야기들로 형상화되었다는 뜻인데 집약적으로 제시하면 시집의 1, 2부는 부부의 연에서 지금까지의 사랑의 동반관계를 반려의 세월로 제시, 재구성해 주고, 3부는 계절을 통한 사물 읽기, 4, 5부는 자신의 내면 풍경보를, 그리고 6부는 자연 교감이나 경도를 통한 관조적 해석을 곁들이고 있다고 보여진다. 그리고 이러한 시역의 시편들은 예외 없이 현대시법에의 충실을 통해 형상화 되고 있다고 여겨지는데 이 점 시를 제시, 구체화 했을 때 시집 『반려의 세월』 의 시 세계랄까, 시적 진실이랄까, 시적 양태라고나 할까 등은 보다 극명해질 것으로 본다.

2. 시역별로 본 진술들

1~2부에 수록된 28편의 시는 부부의 연을 맺어 오늘에 이르기까지 금실 좋은 반려의 세월을 함께 걸어온 동행기로 보아 줄 수 있을 것 같다. 그것은 시집의 첫 페이지를 장식한 시 「사랑이 꽃핀 날」 이 초례청에서 치루어졌던 추억들을 더듬어 재구성해 주는 혼례기로 씌어져 있기 때문이다.

시를 제시해 본다.

가) 당신과 나는 안면부지
초례청에서 처음 만났지

춥던 겨울 날씨였는데

그날따라 푸근한
초례청은 더욱 훈훈했지

하늘에선 수많은 전도사를
나비 등에 태워 보내 주셨고
동네 하객들 박수소리 요란했었지

축복을 안고 온 전도사들 가볍게
당신이 쓴 족두리 위에 춤을 추더니
백옥 같은 설화를 선물하였지

웃음과 박수 속에 놀란 사내
고개 들고 앞을 바라보니
앞엔 한 송이 설중매가 피어 있었지

나) 숱 많고 윤기 자르르한 검은 머리
해와 달이 앗아가고

보기가 흉하다고 대신 준 선물
파뿌리도 겁내는 흰 서리였네

내 손 순이 손 서로서로 잡고서
아무리 쓰다듬어도 예 같지 않으니

내 탓이요 내 탓이요 후회하지만
그때는 돌아오지 않네요, 늦었네요

다) 갓 태어난 어린 물
걸음마로 나를 따를 수 없고

장년이 된 물은
나와 동행 하려는데

꾸물댄다고 꾸중 듣고
한바탕 얻어맞은 물은
뛰는 듯 달려간다
나를 따돌리고 혼자서

홀로 된 나그네
이 생각 저 생각 사색에 파묻혀
유유히 걷다보니
물의 마음 헤아리지 못한
불같은 내 마음 가누지 못한 것

이제사 그걸 알고 불을 끄려하네

예시 가)는 「사랑이 꽃핀 날」, 나)는 전반부가 생략된 「반려의 세월」, 다)는 「동행」의 각각 전문이다. 결혼에서 오늘에 이르기까지의 반려의 세월을 함께 걸어온 통시적 스텝의 동행으로 읽어줄 수 있는 예시들은 잔잔한 감동으로 와닿는 순애보를 읽을 수 있게 해주고 있다.

예시 가)에서의 눈이 분분분 축복으로 내리는 초례청에서 혼례식을 올렸던 날의 전경을 한 폭의 그림으로 펼쳐 보여주고 있다. 안면부지로 만나 부부의 연을 맺은 식장에서 웃음과 박수에 놀라 숙였던 고개를 들고 앞을 보니 '한 송이 설중매로 피어' 있는 신부는 축복의 옥분을 머리에 이고 있는 천사 그 자체가 아니었겠는가. 화자는 그때의 그림을 한 컷으로 떠다 시집의 맨 첫머리를 장식함으로써 순애보의 단초를 장식해주고 있다.

예시 나)는 검정머리가 파뿌리 되도록 백년해로할 것을 서약한 그대로 '내 손 순이 손 서로서로 잡고서' 나란히 사랑의 외길을 함께 걸어온 반려의 길을 진술해주고 있는데 '내 탓이요 내 탓이요'를 연발하며 후회해도 '돌아오지 않는' 세월 저쪽의 가버린 님을 회고하고 있다.

그리고 예시 다)는 나란히 하고 걸어온 물과의 동행을 형상화 해주고 있다. 그 중에서도 종연 '홀로 된 나그네/이 생각 저 생각 사색에 파묻혀/유유히 걷다 보니/물의 마음 헤아리지 못한 것/이제사 그걸 알고 불을 끄려하네'가 보여준 '물'과 '불'의 양극화를 통해 제시해 놓고 불같은 마음의 불길을 끄려하는 다함없는 사랑에 대한 연민을 고백적으로 진술해주고 있다.

이 외에도 시 「구애」, 「부부애」, 「사랑할래요」를 비롯 1부 시편과 함께 「기다림」, 「보고픔」, 「사랑」, 「동행자」 등이 보여준 2부 시편들은 시인 자신의 이야기를 진술하고 있어 사랑의 순애보를 읽게 해주는 설득력으로 작용하고 있다.

시집 3부에 실린 시편들은 주로 계절로서의 '가을'이 메인 이미지가 되어주고 있는데 계절을 통한 자연 경도나 자연 교감에서 발상이 이루어지고 있다고 보여진다. 가을이 환기시키는 계절 감정은 물론, 가을이 수반하는 여러 이미지들의 결구력을 통한 형상화는 한 폭의 그림들로 펼쳐진다.

가) 가을은 색이다
노란색 붉은색 보라색

가을은 소리다
으악새 속삭이는 소리 낙엽 구르는 소리

가을은 노래다
기러기가 노래한다, 귀뚜리가 노래한다

가을은 나그네다
하늘엔 구름나그네, 길엔 고향 찾는 나그네

가을은 준비의 계절이다
반소매 묻고 긴소매 꺼낸다, 겨울을 준비한다

가을은 결산의 계절이다
봄, 여름 내내 키우고 가꾼 수확물을 결산한다
내일을 준비한다

나) 하늘은 울고 있다
눈물을 뚝뚝 흘린다
흘린 눈물 가을바람 등에 타고
낙엽 속으로 숨어버린다

안쓰럽고 가엽게 바라보던 당신
많이 슬픈가 보다
태양도 무서워하지 않고
하늘이 좁다고 함께 뛰놀던 그대
무엇이 뒤틀어져 흩어지려하나
제 갈길 가려고 이별의 만찬중인가

아쉬워서 모여든 일가친척
떠나보낼 형제들 남은 형제들
마지막 밤의 만찬을
눈물로 대신한다

다) 도둑고양이처럼
몰래 바람이 지나 간다
귀뚜라미가 알아차리고
귀띔을 해 준다

귀띔에도 깊은 잠에 빠진 주인 내외
기척도 없다
답답한 귀뚜라미 거실까지 들어와
귀뚫어 귀뚫어 연실 외쳐댄다

울음에 놀란 주인 아저씨
눈을 뜨고 하품 한번 길게 하더니
바람은 잡지 않고
옆에 있는 아내의 솔밭을
조심스레 더듬는다

예시 가)는「가을」, 나)는「가을비」, 다)는 「가을 밤」의 각각 전문이다. 대상은 '가을'인데 각기 발상을 달리하고 있어 가을의 여러 모습으로 형상화되고 있다. 예시 가)에서는 가을이 '노란색', '붉은색', '보라색'의 색채 이미지로 감각화 되어있고, '으악새 속삭이는 소리 낙엽 구르는 소리'로 청각적 이미지를 빌어 형상화와 함께 '기러기', '귀뚜리' 노래로도 청각화로 곁들여지고 있다. 그런가 하면 감각과는 달리 '하늘엔 구름', '길엔 고향 찾는' 나그네로 정서적 유랑의식을, 여름을 벗어버린 가을의 준비로, 끝내는 결실을 통한 결실의 계절로 감각·정서·관념의 삼중주로 변주되기도 한다. 이는 전석열 시인의 시가 정서만도, 감각만도, 관념만도 아닌 그 셋을 함께 교호시켜 형상으로 재구성해주고 있음을 말해주는 것이 된다.

예시 나)는 '가을비'를 이별의 정서적 처리를 대표하는 '눈물'로 형상화함으로써 이별이 환기시키는 정서를 감각으로 이동, 형상으로 재구성해주고 있다.

그리고 예시 다)는 '가을 밤'이 환기시키는 여러 상상력의 동원에 의해 결구되는 형상화의 단면들을 재구성해주고 있다. 몰래 지나가는 바람을 '도둑고양이'로, 귀뚜라미 울음을 이를 알려주는 '귀띔'으로, 귀뚜라미의 울음을 귀뚫이로 전성, 이동함으로써 새로운 의성어를, 그 의성어에 잠깬 주인 아저씨가 '옆에 있는 아내의 솔밭을/조심스레 더듬'게 함으로써 여러 지적 조작의 위트를 보여주고 있다. 희화적 구성이 자아내게 하는 유머에 값하는 재치는 시적 능력에 값한다고 할 수 있다.

시집 4, 5부는 마음속으로부터 자기 자신을 말하는 내면 풍경보의 성격을 보여주고 있다.

가) 오만 원 돈다발을 한 아름 안고 부자인 척
각종 사전 옆에 끼고 박학다식한 척
명품 옷 좋은 외제차타고 보신하며 잘난 척
자기분수 맞게 행동해라 분수없이 척 척 척

돈 한 푼 없으면서 빈 지갑에 현금 많은 양 과시하며 부자인 척
철지난 잡지 들고 아무것도 모르면서 세상일 모두 아는 척
모양세도 안 좋고 볼품없는 자가 폼 재고 잘난 척
빈 수레가 요란하다 수레에 맞게 척 척 척

가진 자가 돈 없다고 궁상떨며 없는 척
아는 것이 많으면서 아무것도 모른 척
남 보기에 잘 난 사람이 못난 척
세상 뺨 때리듯
척
척
척

나) 맑고 곱고 아름다움보다
더 아름다운
마음 헹구어 물의 덕을 배우고 싶다

낮은 곳만 골라 닫는 겸손
막히면 돌아가는 지혜
어떤 용기에도 수용되는 융통성
온갖 오수 마다않고 받아들이는 포용
견고한 바위도 뚫어내는 인내
비탈과 벼랑마다 않고 뛰어내리는 용기
많이 모일수록 하나로 흩어짐이 없는 합일

그런 물의 칠덕을 벗하는
심여수이고 싶다
그런 나이고 싶다

다) 하는 일이 안된다고 낙담하지 말고
슬픈 사연 있다고 눈물 흘리지 말며
억울함이 있다고
노여워하지 말 일이다

세상 살다 보면 이런 일 저런 일

여러 가지 사연 싣고
이사람 저 사람에게로 날아다니며
아프게도 슬프게도 한다

내가 있으니 기대어라
두드려라 할퀴어라 너의 친구 되어줄게
너의 하소연을 너의 넋두리를
언제라도 말없이 받아줄게
나에게 기대어라

오늘도 벽에 기대어
하소연 아닌 시름을 달래 본다

예시 가)는 「척척 스타일」, 나)는 「심여수」, 다)는 「벽」의 각각 전문이다. 한마디로 마음속으로부터 자기 자신을 이야기하고 있는 임어당의 지적을 떠올리게 하는 시편들이다. 각기 대상도, 진술도 다르지만 하나 분명히 같이하고 있는 것은 마음속의 자신의 이야기를 형상화해주고 있다는 점이다.

예시 가)에서의 '부자인 척', '박학다식한 척', '잘난 척', '아는 척', '없는 척', '모른 척', '못난 척' 등의 척척척은 자기 과시와 자기 비하의 양면성을 드러내고 있는 세상 살아가는 현대인의 세태적 측면을 양극화를 빌어 제시해주고 있는데, 이는 전석열 시인 자신을 드러내는 마음속 내면 풍경보의 한 단면이라고 할 수 있다.

예시 나)도 일종의 화자 자신의 내면을 풍경화한 내면 풍경보다. '덕을 배우고 싶다', '낮은 곳을 골라 딛는 겸손', '막히면 돌아가는 지혜', '융통성', '포용', '인내', '용기', '합일'의 일곱 가지 정신 덕목을 벗하는 '심여수'이고 싶어 하는 정신적 덕목의 발견은 곧 시인 자신을 말하고 있는 정신적 자아의 발견과도 맥락을 같이하는 것이 된다.

예시 다) '낙담', '눈물 흘리지 말며', '노여워하지 말 일'이란 삶에서 야기된 절망이나 좌절 따위를 말해주는 사람들의 이야기이면서 시인 자신의 이야기이기도 하다. 그리고 '내가 있으니 기대어라'라는 3연에서 보여주는 '친구', '하소연', '넋두리'를 받아주는 벽은 기실 화자 자신의 의탁이자, 내면적 기대일 수도 있다. 그래서 '벽에 기대어/하소연 아닌 시름을 달래보는' 의지의 대상이 되어주게도 된다. '벽'이란 대상을 설정하고 거기에 의탁하는 화자의 기대심리 또한 시인 스스로의 내면의 이야기인 내면 풍경일 수 있게 된다.

마지막으로 6부에는 자신을 데불고 자신 밖으로의 나들이를 통해 만나는 산책 시편들로 읽어줄 수 있을 듯싶다. 그래서 일상으로부터의 탈출이기나 탈출을 통한 삶의 현장에서 체험한 낙수들의 성격이 강하게 배어나게 된다.

꽃가마 타고 왔다
꽃가마 타고 가는 당신

맞고 보내는 정
가만히 있을 수가 없어
온 종일 당신을 바라보며
사랑을 고백했다

주고받는 밀어
사랑의 효험으로 물들었던지
하루 종일 물소리 장단에
눈으로 마음껏 교접했다

갑자기 무거워진 하지를 펴고
집에 와서 확인하니
내 종아리가 임신을 했다
너무 진한 사랑을 했나

몸이 노곤하다

예시는 「안양천변 벚꽃」의 전문이다. 벚꽃길 나들이에서 체험한 현장 시편이다. 마음속으로부터 자기 자신을 이야기하는 진술이 아니라 마음 밖의 사물과의 만남에서 교감되는 '정', '사랑', '밀어', '교접' 등의 자연 감정을 진술한 것이다. 6부를 장식하고 있는 대부분 시편들이 이러하거니와 이는 시인의 마음속 이야기라기보다 마음 밖의 것에 대한 이야기 성격이 강하다. 때문에 더 예시하지 않아도 될 듯싶어 생략하거니와 이쯤에서 결론은 제시될 수 있을 것으로 본다.

3. 결어

지금까지의 조명은 전석열 시인의 첫 시집 『반려의 세월』을 일별해본 결과다. 결론으로 집약하면 시인이 하고자 한 이야기는 분명 마음속으로부터 자기 자신에 대한 이야기인데 그 드러냄은 의도적 기획의 지적 조작에 의해 여러 양태로 변용해내는 현대시법에의 충실을 보여주고 있다. 그리고 이러한 시법에의 충실을 자신의 시에 실천함으로써 시적 성과를 거두고 있다는 점을 결론으로 제시할 수 있다고 본다.

전석열 시인은 강원도 정선(함백) 출생으로 영월중·공업고등학교, 한양대학교 법과를 졸업하고 다년간 경찰공무원으로 근무하다 정년 퇴임하였다.『수필춘추』에 수필로 등단,『조선문학』신인상 시 당선으로 등단하였다. 현재 한국문인협회·수필춘추·글향기·양천문인회·경찰문학회·조선문학문인회·형상21시문학회 회원으로 활동하고 있다. 수필집에『창공에 티끌되리』,『아름다운 양보』,『내 마음의 원두막』외 공저 다수가 있고, 시집에『반려의 세월』이 있다.

E-mail : jsy3214@daum.net / Tel : 010-7136-3789

반려의 세월

2014년 7월 15일 인쇄
2014년 7월 25일 발행

지은이 / 전석열
발행인 / 박진환
펴낸곳 / 조선문학사
등록번호 / 1-2733
주소 / 120-853 서울 서대문구 통일로 389(홍제동)
대표전화 / 02-730-2255
팩스 / 02-723-9373

ISBN 978-89-98115-52-4

정가 10,000원